AUX ÉLECTEURS DE 1877.

UN
PEU DE LUMIÈRE

J.-J. ROUX,

Ex-Rédacteur en Chef de la Douane Militaire

PRIX : 50 CENTIMES.

En vente chez tous les Libraires.

PERPIGNAN

Typographie Rondony, successeur de Mlle Antoinette Tastu,

Rue du Quatre Septembre, 3.

1877.

AUX ÉLECTEURS DE 1877.

UN
PEU DE LUMIÈRE

J.-J. ROUX.

EX-RÉDACTEUR EN CHEF DE LA DOUANE MILITAIRE.

PRIX : 50 CENTIMES.

En vente chez tous les Libraires.

PERPIGNAN

Typographie Rondony, successeur de Mlle Antoinette Tastu,

Rue du Quatre Septembre, 3.

1877.

UN DIALOGUE AU VILLAGE

ENTRE

UN MAIRE ET SON ADJOINT.

Le Conseiller s'adressant au Maire.

Quand nous vous avons placé à la tête de la commune vous avez promis de nous dire votre sentiment non-seulement sur les affaires qui regardent notre modeste village, mais encore sur celles qui concernent le département dont nous sommes des membres, et la France dont nous restons les enfants, au même titre que les Parisiens, les Lyonnais, les Marseillais, etc., etc. Les journaux, si calmes naguères, annoncent qu'il y a du trouble dans les hautes régions, que, snr la demande du Président de la République, le Sénat a dissous la Chambre des Députés. On parle d'élections prochaines à faire, de religion qu'on veut détruire, de société qu'on veut bouleverser, de cléricaux qui, cette fois, avec la garantie du Gouvernement, seraient prêts à avaler les radicaux pour tout de bon, sauf à les vomir s'ils ne pouvaient les digérer, que sais-je encore?

Le moment me paraît donc venu, en rappelant votre promesse, de vous demander quelques détails sur les affaires publiques en général, et sur la question électorale en particulier. Quand on tient à bien coudre il faut bien faufiler.

Le Maire.

C'est juste; je serai en tout temps prêt à tenir ma parole et à vous fournir tous les renseignements qui pourraient vous être utiles.

La République, comme vous venez presque de le dire, se compose de quatre associations dont les intérêts particuliers, s'ils sont bien dirigés, assurent ensemble l'intérêt général.

La famille d'abord qui a, à sa tête, le père.

La commune et le département dont des conseillers élus, surveillent et distribuent les finances sous la direction d'un Maire et d'un Préfet.

Le Gouvernement enfin dont des Députés et des Sénateurs, élus aussi par le peuple ou par ses mandataires, inspirent, déterminent et règlent la direction politique, au moyen de Ministres *responsables* agissant sous la présidence d'un chef *irresponsable*.

L'harmonie de ces quatre : ssociations forme seule l'harmonie de l'État, autrement dit de la chose publique.

Détruisez un de ces rouages ou mutilez-le, vous frappez à la base la machine sociale.

Fortifiez-les au contraire, vous augmentez d'autant la puissance de l'édifice public.

L'Adjoint.

Les monarchistes calomni nt donc les Républicains quand ils avancent à tout bout de champ qu'ils veulent détruire la famille, sur laquelle repose, selon vous, en premier lieu, la République?

Le Maire.

Oui — ils les calomnient sciemment, tout comme quand ils les accusent de vouloir détruire la Propriété, la Religion, les Églises, le Pape, etc.

L'Adjoint.

Pour la Propriété je ne dis pas non ; nous savons tous bien que si nous avons un petit champ nous le devons à nos pères de la Révolution qui ont vendu aux enchères les châteaux des Nobles et du Clergé. Ces vastes domaines, pour la plupart couverts de landes, achetés par nos anciens, sont devenus des jardins plantureux entre les mains des nouveaux acquéreurs, et cela pour le plus grand bien de tous, les nobles ayant reçu, plus tard, en retour, un milliard d'indemnité, et le clergé, une dotation considérable qui se renouvelle chaque année au budget. Il est donc bien acquis que c'est la République et la République seule qui, ayant malgré les menaces, les cris des monarchistes, doté le paysan de l'héritage dont il jouit, est plus que tous autres intéressée à le lui conserver. Mais je ne suis pas aussi convaincu en ce qui regarde la religion. Il me semble que, de ce côté là, les journaux républicains ne se montrent pas tous très conservateurs, et je pourrai même citer une feuille qui a imprimé en toutes lettres que nous n'avions pas plus besoin de curés que de rabbins ou de pasteurs.

Le Maire.

Longtemps avant que les journaux l'eussent écrite, vous aviez, j'en suis sûr, entendu répéter cette bêtise au café. Faudrait-il en tirer la conséquence que tous ceux qui vont au café veulent démolir les curés et les rabbins? Assurément non. Dans un pays où règne la liberté de la presse, liberté qui est la plus essentielle de toutes, il s'imprime certainement des sottises qui n'ont pas le sens commun : mais une bêtise imprimée n'est pas plus une loi du pays que les admonestations que peut vous adresser votre femme quand vous rentrez trop tard de la foire et du marché. N'avez-vous pas lu quelquefois l'*Univers*; c'est l'organe d'un parti qui a peu d'adeptes, mais qui compte pour lecteurs beaucoup d'ambitieux. Un certain Veuillot surtout n'y va pas de main-morte quand il s'agit d'attaquer le siècle et ses pompes. Il y fait, depuis quarante ans, la guerre à la civilisation et à la science. S'est-il agi d'établir nos chemins de fer, qui font notre richesse et notre bien être ? Il a crié sur les toits qu'on allait enlever la terre au domaine public. Parle-t on des droits du peuple ? Il n'y en a point d'autres que ceux reconnus par une petite église dont il s'est fait le grand Pontife *in partibus*. Est-il question du mariage civil qui, sans entraver en rien le mariage religieux, assure les intérêts de la famille en empêchant les abus des unions précoces? Il faut détruire ces registres empestés ou au moins les passer tout de suite aux vicaires, et détruire la commune au profit de la paroisse. Je vous fais grâce du reste. Que conclure de cet exposé ? Que des excès dans un sens amènent toujours des excès en sens contraire. Les jésuites demandent la disparition des instituteurs laïques ; leurs adversaires réclament la disparition des instituteurs congréganistes ; les uns déclarent la guerre aux maires, les autres la déclarent moins encore aux curés qu'à certains prélats.

Le Pays écoute, juge, passe ou agit selon ses intérêts bien entendus.

Je dois d'ailleurs l'ajouter vite.

A proprement parler la religion n'est pas aujourd'hui en cause. Il ne s'agit ni de schisme, ni d'hérésie, ni d'Ariens, ni de Nestoriens, ni d'Iconoclastes, ni de Luthériens, ni de Calvinistes, ni de Quiétistes, ni de Jansénistes ; ce qui est réellement en cause c'est une question politique qui, comme un serpent sous l'herbe, a été artificieusement déguisée sous un manteau religieux ; c'est le gouvernement temporel du Pape.

Il y a des gens adroits pour placer les étiquettes quand il s'agit du vase où reposent les consciences.

Je m'explique.

Le Représentant de celui qui avait dit que son règne n'était pas de ce monde s'était acquis, en plein moyen-âge, un petit empire en Italie.

Examinons comment cela s'était fait :

La République Romaine avait été balayée par l'Empire.

L'Empire, c'est dans sa nature, en amenant le despotisme à sa suite, avait, en moins de quatre siècles, fait d'un peuple de héros, un peuple de laquais.

Au lieu de Cincinnatus, Néron, au lieu de Fabricius, Domitien, au lieu de Régulus, Caligula, etc.

Le colosse, sous la main exigeante des prétoriens, était devenu monstre.

Une de ses têtes était à Bysance, l'autre à Rome.

Les Barbares rodaient autour de ces deux Empires.

Ils attaquèrent d'abord le premier.

A la fin du quatrième et au commencement du cinquième siècle, les frontières en sont partout franchies. Les Huns poussant sur l'Occident les Goths qui poussent les autres peuples, Rome est d'abord pillée par Alaric dont les bandes fonderont un empire en Espagne et au Nord des Pyrénées ; elle est saccagée ensuite par les Vandales de Genséric qui se tailleront un royaume en Afrique. Les Burgondes sont établis à l'Est de la Gaule, les Francs au centre. Sur ces ruines apparaît Attila qui, vaincu par des débris de peuple dans les plaines catalauniques, s'en va mourir près du Danube. En 476, Les Hérules s'emparent de Rome, et Odoacre met fin à l'Empire d'Occident en déposant Romulus-Augustule le dernier Empereur. En 493 le Goth Théodoric, dit le Grand, s'empare de l'Italie entière, fait mourir Odoacre vaincu et le remplace.

Mais sur ce sol bouleversé par tant de tempêtes, où il n'y a plus ni lois ni institutions, que pouvait le génie d'un Barbare ? L'empire des Ostrogoths s'écroule comme il s'était élevé sous les coups des Lombards dont le chef se fait proclamer Roi de Milan en 566, et qui établit sa capitale à Pavie, n'ayant pu s'emparer de Rome et de Ravenne qui restaient comme annexe à l'Empire d'Orient. Un de ses descendants, Luitprand allait englober sous ses lois toute la péninsule lorsque sur la scène de la politique militante apparaît la main d'un pape. C'est celle de Grégoire III qui réclame l'appui de Charles-Martel contre le conquérant qui menaçait l'Exarchat.

Qu'était-ce que Charles-Martel, et que pouvait-il? Un coup d'œil rapide sur notre histoire va nous l'apprendre.

Clovis, fils de Childéric, comme son père un de ces chefs de bandes élevés sur le pavois par les Sicambres, et qui ressemblent plus à des chefs de brigands qu'à des chefs d'armée, avait soumis à ses lois de 481 à 511, les quatre cinquièmes de la Gaule, grâce au concours que lui avaient prêté les évêques dans ces temps calamiteux. Ses conquêtes comme sa robe étaient teintes du sang de la trahison et de la perfidie bien plus que du sang des batailles ; mais Clovis avait reçu le baptême. C'était un barbare à tous crins plein de superstitions comme tous les Barbares, et, par cela même, bien plus propre à subir les influences des évêques que les Visigoths ariens, mais déjà civilisés établis au sud. A sa mort, ses possessions avaient été partagées en quatre tronçons. Ces tronçons, réunis de nouveau sous Clotaire Ier, et sous Clotaire II, formèrent en 628 un royaume agrandi qui, sous Dagobert, arriva à l'apogée de sa puissance et s'étendit des Pyrénées au Veser et de l'Océan à la Bohême.

Mais Dieu défait d'un soufle ce que les ambitieux ont construit dans le meurtre et dans le sang. Cet empire avait contre lui deux vices qui préparaient la chûte de la race Mérovingienne : le partage de la succession par parties égales entre les différents héritiers, à chaque décès, le partage du pouvoir entre ces rois perdus de vices et les Maires du palais devenus les vrais gouvernants.

En 687 un de ces maires, l'Austrasien Pépin-d'Héristal, gagna sur les Neustriens la fameuse bataille de Testry qui fit passer sous sa domination toutes les possessions franques.

Or, tandis que les Barbares, sortis de la Germanie, se disputaient, au Nord, les lambeaux de l'empire Romain, les Arabes l'avaient étreint au Midi. Franchisssant les Pyrénées sous la conduite d'Abdérame, ils envahirent la Gaule méridionale, et rencontrèrent à Poitiers les Francs qu'ils cherchaient.

Là se livra en 752 la grande bataille qui décida du sort de l'Europe.

L'Empire Arabe s'y brisa.

Un des fils de Pépin d'Héristal, héritier de la puissance de son père et de ses talents militaires, y commandait les Francs. Ce fils c'était Charles Martel, celui là même dont le Pape venait réclamer l'appui.

La mort l'empêcha de répondre à l'appel du Pontife Pépin-le Bref prit sa place.

Mais les événements allaient se précipiter.

En même temps qu'il était menacé par les Lombards, le successeur de Grégoire, le pape Zacharie. avait rompu avec Constantinople sur la question des images. Il n'y avait qu'un moyen de sortir de ce double péril, amener les Francs à la défense de la papauté.

Tout service devant se payer, le Pape donna à Pépin, qu'il fit sacrer par l'archevêque Boniface, la couronne de Childéric III, dernier roi de la race de Mérovée et de Clovis que l'on tondit, et qu'on enferma ensuite dans le cloître de Sithieu près St-Omer.

Vous allez dire : Mais il y eut ici au moins un accroc à ce qu'on appelle la légitimité ! N'y regardez point de si près. La race

Carlovingienne, qui s'intrônise ici avec Pépin en 752, finira exactement en 987 comme a fini celle de Clovis. Ce seront encore des évêques qui, à la mort de Louis V, refuseront de reconnaître pour Roi, le dernier descendant de Pépin et de Charlemagne, Charles duc de Lorraine, et sacreront avec l'autorisation du pape Sylvestre II, le Duc de France, Hugues-Capet, abbé de St-Martin de Tours, et fils de Hugues-le-Grand.

Ceux qu'on appelle des rois légitimes sont donc, l'histoire à la main, *des Rois deux fois usurpateurs*.

Revenons à notre sujet.

Pépin était devenu Roi par la grâce du Pape. Toutefois le souvenir de l'ancienne dynastie n'était pas tellement éteint qu'il ne jugeât prudent de surveiller les regrets de quelques-uns de ses leudes, et de différer son départ pour l'Italie. En 754, c'est-à-dire deux ans après, Etienne II qui avait remplacé Zacharie vint lui-même en France. Il apportait, cette fois, à Pépin le titre de patrice de Rome, ce qui l'établissait souverain temporel de la ville éternelle et le plaçait ainsi, par rapport à Rome, *dans la même situation qu'occupe aujourd'hui Victor-Emmanuel*. Pépin se fit sacrer une seconde fois par le Pontife et franchit les Alpes. Astolphe, roi des Lombards, assiégé dans Pavie, promit de restituer les terres enlevées à l'enclave; mais il n'en fit rien. Le Roi de France, maintenant bien affermi, reparut en Italie, s'empara de Ravenne et de l'exarchat et il donna le tout à St-Pierre.

Telle est l'origine du Gouvernement temporel des Papes.

C'est en récompense de cette donation que Pépin a reçu par avance, la couronne de Childéric III ; ce sera encore pour avoir confirmé cette donation en 774 que Charlemagne recevra en 800 la couronne d'Empereur d'Occident.

Incompréhensible destinée des choses de la terre !

Maintenant ce sont des conquérants qui, pour faire souche royale, échangent contre un sacre renouvelé des temps Hébraïques, les domaines que leur a livrés le sort des batailles ; Eh bien trente-trois ans après, Grégoire IV se trouvera au Lügenfeld (champ du mensonge ou de la trahison), dans le camp des petits-fils de Charlemagne révoltés contre leur père Louis le Débonnaire, et un siècle ne sera pas écoulé que les Papes, dotés imprudemment d'une couronne par un Roi et un Empereur, disposera de toutes les couronnes des Rois et des Empereurs ! N'est-ce pas le cas de répéter ici avec Bossuet : *Et nunc erudimini Gentes !*

Si j'avais à faire ici l'histoire du gouvernement temporel des Papes depuis cette fatale époque je démontrerais qu'il n'est point de trahisons devant lesquelles ils aient reculé, soit pour agrandir, soit pour conserver ce misérable domaine.

Armes spirituelles, armes temporelles, l'excommunication et l'extermination par le fer et par le feu, tel a été le lot de l'Italie depuis mille ans.

Dans ses sillons dorment côte-à-côte, Florentins, Génois, Vénitiens, Lombards, Napolitains, Siciliens, Normands, Angevins, Allemands, Français, Espagnols, appelés tour-à-tour à la même croisade et pour défendre les mêmes intérêts.

Plus de sang a été versé pour protéger ce coin de terre qu'il n'en a été versé par les vieux Romains marchant à la conquête du monde.

Et c'est ce petit Royaume, fruit d'un inavouable marché, perdu plus légitimement qu'il n'avait été acquis, qui pourrait mettre encore l'Europe en feu ! Sous quel prétexte ? Sous le prétexte que le Saint-Père doit rester indépendant pour paître librement son troupeau !

Aveugles et matérialistes, qui placent les objets contingents et passagers au-dessus des idées immuables et éternelles, les corps au-dessus des âmes, le temporel au-dessus du spirituel !

Le Christ était arrivé sur la terre, pauvre et obscur. Prêchant l'humilité, la justice, le dédain des biens périsssables, le pardon des offenses ; il avait joint l'exemple au précepte et était né dans une étable lui qui était Dieu et auquel appartenaient tous les palais de l'univers, au même titre que toutes les étoiles du firmament.

Douze apôtres, des pêcheurs, des hommes simples, les pieds nus, la besace sur le dos, le bâton à la main, s'en étaient allés après la mort du Maître, prêcher ses doctrines, porter la bonne nouvelle aux Nations, et, dans moins de trois siècles, par eux ou leurs successeurs, l'évangile porté dans le monde connu allait inaugurer pour les peuples une ère nouvelle où, personne n'étant plus esclave, tous les hommes deviendraient réellement frères !

D'où venait le succès de ces prédicateurs non-seulement sans royaume, mais presque toujours sans souliers ?

De la morale sublime que l'on entendait prêcher pour la première fois depuis Adam par des hommes qui, suivant l'exemple du Rédempteur, étaient restés pauvres et simples.

Pasteurs et brebis, ils formaient bien alors la véritable Eglise d'autant plus admirable qu'elle était aussi plus humble ?

Jusqu'à quand durèrent ces agapes fraternelles ?

Hélas ! jusqu'au jour seulement où la conquête des âmes étant faite par la doctrine de la fraternité humaine, les martyrs de hier s'assirent au banquet des jouissances terrestres à côté et bientôt au-dessus de leurs anciens persécuteurs !

Avant les titres, les honneurs, avaient paru peut-être les schismes, les hérésies, les éternelles discussions entre la foi et la raison ; avec les dotations parureut les bourreaux.

Aujourd'hui nous n'avons plus seulement douze apôtres sans chaussures et sans foyers chargés de porter la lumière dáns le monde, nous en avons des milliers dans des palais qui répêtent à la même heure la parole de leurs prédécesseurs !

Et les ouailles n'écoutent plus.

Voyons, est-ce la faute du berger ou du troupeau ?

La France d'aujourd'hui vaudrait-elle moins que la Rome d'autrefois ?

On n'oserait le soutenir.

C'est peut-être alors la faute du berger qui *parle trop peu de la couronne d'épines, et beaucoup trop de la couronne papale.*

Si le siége de Pierre a été profané par des Papes dont la vie privée serait un scandale même parmi les païens, à quoi faut-il s'en prendre ? A la soif des jouissances matérielles, au délire de l'ambition, aux aberrations qu'enfante un pouvoir sans contrôle.

Despotisme et démoralisation cela ne fait qu'un seul Diable en deux personnes.

Faites disparaître la cause de ces scandales, vous aurez pour effet immédiat l'apaisement des âmes.

Ce qu'attaquent certains journaux républicains en général ce n'est donc pas la religion du Christ qui a apporté la liberté et la fraternité sur la terre, c'est l'autorité temporelle que, contrairement à la doctrine formelle du Maître, ont abusivement usurpée les pasteurs du troupeau.

Le mal, à notre époque, a pris des proportions telles, qu'une réaction salutaire ne saurait tarder à se produire.

L'histoire à la main, l'histoire qui reste le flambeau de l'humanité sur sa route difficile, regardez encore.

Il y avait à l'avant-garde de la civilisation, entre la Russie et la Prusse, un royaume qui avait sauvé la chrétienté de l'invasion turque et auquel semblaient réservées de grandes destinées. C'était la Pologne. Qui l'a perdue ? Les mêmes partis qui nous divisent ; les cléricaux.

L'Espagne, réunie à l'Empire, menaçait naguère la liberté du monde. On avait raison de dire que le soleil ne se couchait jamais sur ses vastes possessions. Qu'est-elle devenue ? Les moines l'ont pliée dans son linceul : La métropole et les colonies qui sont sorties de son sein, s'agitent dans leur vaste sépulcre, comme le volcan dans sa lave, ne sortant d'une révolution que pour s'engloutir dans une autre révolution.

Qu'allait devenir l'Autriche entre les mains du clergé? Qu'était devenue l'Italie sous ses dures étreintes? Que deviendrait la France si elle se laissait surprendre? Allons! la vérité s'est fait jour. Malheur aux Empires que touchent les cléricaux ; ils se disent les porteurs de la paix et ils sèment partout les dissensions et les ruines qui préparent l'anéantissement !

L'Adjoint.

Je comprends maintenant pourquoi les cléricaux et les monarchistes se sont toujours opposés à l'expansion de la lumière, pourquoi ils ont fait tant d'efforts pour empêcher d'apprendre l'histoire à nos enfants.

Ils n'aiment point que le peuple puisse leur demander des explications sur les trafics qu'ils ont fait eux-mêmes de leur prétendue légitimité :

Ils n'aiment point que nos paysans apprennent comment le royaume du Pape, fondé, comme tous les autres, au milieu des invasions par la ruse et la conquête, a été maintenu par le fer et par le sang.

Car quelles conclusions pourraient tirer les citoyens éclairés de ces deux ordres de faits sinon celles-ci, renfermées dans un vieux proverbe : *que c'est avec raison que ce qui est venu par le tambour s'en est allé par la trompette ?*

Le Maire.

Vous dites mieux que je ne pourrais dire. Le gouvernement temporel du Pape a passé comme passent toutes les choses de la terre, tout ce qui est du domaine des hommes.

Il reste au successeur de Pierre ce qui constitue sa véritable puissance, la souveraineté morale, spirituelle, celle qui relève du domaine de Dieu, celle qui fut l'apanage de tant de saints apôtres avant Pépin le Bref.

Celle-là n'est point en question. Inclinons-nous et passons !

L'Adjoint.

Etant bien établi que, dans les différents qui partagent les esprits en France, il n'y a point de question religieuse, et que c'est très artificieusement et très perfidement, pour parler le langage de nos adversaires, que cette question a été introduite, aux seules fins de gagner quelques consciences en les troublant toutes, voudriez-vous bien expliquer les raisons qu'on a pu avoir pour mettre à la porte le Ministère Jules Simon, qui avait pour lui les trois quarts des Représentants, et n'avait reçu d'échec ni à la Chambre des Députés, ni au Sénat ?

Le Maire.

La réponse se déduit de la situation. Les trois partis monarchiques qui forment ensemble, comme un monstre apocalyptique à trois têtes, qu'on appelle l'ordre moral, ne peuvent s'entendre en rien quand il s'agit de fonder un gouvernement, l'un voulant l'abriter sous un lys, l'autre sous un coq, le dernier sous un aigle ; mais les uns et les autres, ayant vécu de priviléges, veulent faire revivre les priviléges et ils s'entendent à merveille quand il s'agit d'attaquer la République. Ce qu'ils mettraient à sa place s'ils pouvaient l'anéantir, ils ne le savent point. Seulement chacun des coalisés espère s'introniser lui-même dans la confusion des évènements, et faire tout seul à ses deux associés, ce qu'ensemble ils auraient fait, par un moyen ou par un autre, aux républicains, c'est-à-dire les mettre dans l'impuissance de lui disputer la direction des affaires publiques.

Si le Ministère Jules Simon est tombé ce n'est point que l'on ait sérieusement pensé qu'il n'était plus en communion d'idées avec le pays, mais bien au contraire parce que les hommes de l'ordre moral, poussés par les cléricaux, le voyaient chaque jour s'affirmer et s'affermir davantage.

Comme vous venez de le dire, la Chambre des Députés, issue du suffrage universel direct, était franchement républicaine.

La majorité dans le Sénat issue du suffrage universel indirect restait indécise et tenait à une ou deux voix. En novembre 1878, 75 sénateurs, parmi lesquelles 52 membres de la droite, devaient être soumis à la réélection. Qui nommerait ces sénateurs ? Les Conseillers généraux, les Conseillers d'arrondissement, les délégués des Conseils municipaux. Or, c'est dans le courant de 1877 que devaient être renouvelés, par moitié, les Conseillers généraux et d'arrondissement, et en totalité, les Conseils municipaux. C'est dire en deux mots que l'élection sénatoriale de novembre 1878 dépendait entièrement du résultat des diverses élections de 1877.

Que commandait le patriotisme dans ces circonstances ?

De laisser les élections s'accomplir en pleine liberté dans le calme dont nous jouissions ;

De demander aux urnes ce qu'elles donnent toujours quand on ne les tourmente pas, c'est-à-dire les vœux de la nation dans le nom de ses élus, et d'agir en conséquence.

Mais allez demander du patriotisme aux partis ! Tant vaudrait-il demander le feu à l'Océan, l'eau au soleil.

Les monarchistes ont eu le pressentiment que le vote dans le calme ce pourrait être, ce serait à coup sûr, à une échéance prochaine, pour les républicains la majorité dans les deux Chambres, la Majorité et le Pouvoir.

Le danger était pressant : ils ont pris les urnes. Les vrais motifs de la dissolution, les voilà !

Que veut maintenant la France, que va-t-elle demander.

La France, qui se soucie peu des personnes, mais beaucoup de ses intérêts, demandera avant tout dans le scrutin qui s'ouvre la paix intérieure et extérieure.

Le Ministère Jules Simon, profondément républicain, mais aussi profondément conservateur, soutenu et acclamé par l'opinion publique, a, à son actif, des actes. Il n'a pas seulement promis la paix intérieure et extérieure ; il a reçu dans le calme l'héritage de cette paix, du Ministère Dufaure, et il s'en est constitué le défenseur heureux, intrépide, incarné au milieu des troubles qui agitaient l'Europe.

Le Ministère de Broglie a aussi à son actif des actes, ensuite des promesses.

Des actes ! lui, un Ministère de la République, il brise d'un coup tous les fonctionnaires républicains, et, poussant, très constitutionnellement d'ailleurs, le Sénat sur la Chambre des Députés, il rejette dans une crise redoutable une nation qui s'était endormie dans un profond recueillement.

Voilà pour la paix intérieure et pour les actes.

Voyons les promesses et la paix extérieure.

Je n'ai nul doute que le nouveau Ministère ne veuille la conserver ; mais en politique vouloir n'est pas pouvoir. Ne traîne-t-il pas fatalement derrière lui, malgré lui peut-être, comme une robe de Nessus, un parti dont les excitations retentissent encore à nos oreilles, et pourrait-il certifier que la Prusse, qui a Bismarck, et l'Italie, qui a eu Cavour, restent sans défiance sur les agissements de ce parti ? Impossible ! La défiance, je ne dis pas l'hostilité, sort d'une situation comme la lumière sort d'une flamme de bougie, et les assurances données à M. Decazes, seraient-elles signées et parafées *ne varietur* par toute la diplomatie européenne, ne feront pas disparaître ce point noir à l'horizon des électeurs ?

On a dit : *Si vis pacem para bellum*, ce qui ne signifie pas selon la lettre, *Si tu veux la paix prépare la guerre*; mais ce qui veut dire dans un sens plus juste, plus élevé, plus profond : *Si tu veux conserver la paix sois à même de faire la guerre* : c'est-à-dire, sois fort, sois puissant, et que le monde voie derrière toi, la nation armée, confiante, unie dans un même sentiment, prête à suivre ses chefs partout où l'appellera le devoir ou l'honneur.

N'est-ce pas déjà une grande cause de faiblesse pour ce ministère d'imprévu que de s'être aliéné, par sa seule présence, le grand parti républicain, et que lui restera-t-il de forces réelles quand des trois têtes qu'il contient une seule cherchera à éliminer les deux autres? Il lui restera en perspective d'effroyables divisions intérieures qui réduiront sa puissance à zéro. Qui ne voit pas cela ne voit rien.

Si donc la paix peut nous être conservée, ce n'est point parce que le ministère de Broglie-Fourtou a pris les rênes, mais bien quoiqu'il les ait prises, et par cela seul que l'Europe sait mieux que si les cléricaux sont à côté, autour, ou au dessus de lui, la nation reste compacte derrière Jules Simon. Et ce ne sera pas la chose la moins étrange des choses de notre temps que de voir un ministère mort, en faire vivre un autre où l'empêcher de mourir!

Eh bien le verdict de l'Europe ce sera le verdict du pays!

L'Adjoint.

Ce que vous venez de dire me semble la vérité même. Toutefois permettez-moi une objection. Les scrutins n'ont pas toujours produit les résultats qu'on semblait devoir en attendre, et il y a bien des voix indifférentes ou timorées qu'une pression adminis- trative pourrait confisquer à son avantage. Nous avons vu comment les choses se passaient sous l'Empire, et, si nous avons les mêmes préfets qu'autrefois ou à peu près, ne pourrions-nous pas subir aussi les mêmes déceptions?

Le Maire.

Non! La pression telle que la pratiquait l'Empire est aujourd'hui impossible et je tiens à vous en fournir des preuves sans réplique.

Lorsqu'en 1848 le suffrage universel, qui est un droit inhérent à la qualité de citoyen, a été proclamé, le pays, maintenu dans l'ignorance, n'était pas préparé à le recevoir.

Il ressemblait à un enfant auquel vous confieriez un sabre pour se défendre contre les loups, et qui se couperait infailliblement les mains au tranchant de la lame.

Des républicains imprévoyants, pour se débarrasser des Bourbons, avaient redoré de leurs propres mains la légende napoléonienne ; ils avaient incarné dans la nation l'homme au petit chapeau. Son portrait était partout dans les palais comme dans les chaumières. Paysans et bergers, ouvriers et soldats répétaient en chœur les chansons de Béranger comme autant d'hymnes patriotiques. Ce fanatisme pour un nom produisit le scrutin du 10 décembre et plaça à la tête de la 2me République son plus implacable ennemi.

Hâtons-nous de le dire, ce scrutin fut le scrutin de l'égarement, mais non le scrutin d'électeurs se ruant dans la servitude comme dit Tacite dans son mâle langage, (*ruentes in servitudinem ;*) il rendit possible l'attentat de décembre, mais il ne le justifiera jamais.

Elevé par un crime auquel on a en vain tenté d'associer la conscience publique qui avait demandé la paix, et à laquelle on offrait le sang boueux des pavés, le nouvel empire ne forma dès lors qu'un bloc de résistance où tout se tenait au chef par l'intérêt, ministres, sénateurs, députés, conseillers d'Etat, généraux, préfets, administrateurs, directeurs, inspecteurs, sous-préfets, maires, juges de paix, commissaires de police et gardes-champêtres.

Tous les anneaux de la chaîne se tiennent. Sous le tumulte apparent des choses, il n'y a plus de France. Il ne reste qu'un homme de qui tout vient et auquel tout aboutit.

Les scrutins dans les plus petites communes se prolongent durant deux jours.

Les fonctionnaires publics sont irresponsables ; ils ne peuvent être poursuivis qu'avec l'autorisation du Conseil d'Etat.

On demande en vain pour la presse la liberté comme en Autriche ; pour les électeurs, la liberté de réunion comme en Turquie.

On manque même d'urnes fermant à clef dans la plupart des petits centres.

Un bulletin est regardé comme un écrit qui ne peut être distribué qu'après dépôt et autorisation du parquet.

Arrivait le jour des élections.

Immédiatement le préfet, dans chaque département, désignait *ex cathedra* et recommandait chaleureusement les candidats en faveur desquels il fallait voter.

Il réunissait les sous-préfets, les maires et leur donnait à tous ses instructions secrètes.

Chaque chef d'administration, renchérissant sur les prescriptions du maître, en faisait connaître les volontés à ses sous-ordres. L'avancement n'appartenait qu'au plus zélé.

Une nuée de commissaires de police, dont on faisait payer la solde aux communes, dirigés par les juges de paix, parcourait les campagnes. La gendarmerie menaçait celui-ci, la police menaçait celui-là. Renchérissant sur le tout le maire, nommé par le préfet, en exécutait la consigne et maniait les bulletins comme un agent chargé de rechercher la fraude.

Le soir du premier jour on fermait la soupière que personne ne surveillait.

On dépouillait aussi sincèrement qu'on avait voté.

Qu'importaient les plaintes et les réclamations, et comment se seraient-elles produites au village surtout ! Les fonctionnaires n'étaient-ils pas couverts par l'art. 75 de la Constitution de l'an VIII ?

La situation aujourd'hui est changée du tout au tout.

Ce n'est pas la bonne volonté qui manque peut-être au ministère Fourtou pour essayer de la candidature officielle comme au beau temps dont nous parlons, c'est quelque chose de plus, c'est la force ; la massue existe : seulement, ce n'est pas une massue de fer ; c'est une massue d'étoupe. Ce n'est pas un géant qui la porte assis sur un roc au pied duquel vient se briser la vague ; c'est un nain assis sur le sable dont le moindre filet d'eau déplace les assises.

1º Le scrutin ne dure qu'un jour.

2º Une loi formelle et qui ne serait pas impunément violée défend aux fonctionnaires publics de tout ordre et de tout rang d'intervenir en rien dans le vote, de faire aucune propagande, de distribuer aucun bulletin.

3º Les gendarmes, comme militaires en activité, ne votent plus dans les communes où ils résident ;

4º Les soldats ne votent pas davantage ;

5º L'art. 75 est rayé du Code ;

6º La distribution des bulletins, libre pour tous les électeurs n'est interdite qu'aux fonctionnaires ;

7º Les maires, nommés par les Conseils municipaux dans trente-trois mille communes, et choisis parmi les conseillers dans les autres, échappent par cela même à toute influence pernicieuse ;

8º L'instruction s'est développée, l'instruction et l'expérience.

Quand un préfet de l'Empire entreprenait la candidature officielle, il n'avait qu'à parler pour être compris, suivi et dépassé ; il avait au-dessus de lui et derrière lui un empereur, des ministres toujours prêts à approuver toutes ses tentatives d'intimidation, d'autant plus disposés à couvrir les agents compromis que la victoire avait été aussi plus disputée.

C'est tout le contraire aujourd'hui.

La République est entre les mains de ministres qui ne l'aiment guère. Mais elle existe en droit. En fait, elle a, à sa tête, comme nous l'avons dit en commençant, un Président *irresponsable*, servi par des ministres *responsables*, et qui, *de leur propre aveu*, disparaîtront le jour du prochain scrutin, si ce scrutin n'approuve point leur politique.

Les préfets, dans les départements, sont moins des administrateurs que les agents des ministres. La chute des premiers entraîne fatalement celle des seconds. Regardez la girouette du toit voisin ;

vous la voyez tourner au gré des vents ; elle a un avantage sur nos magistrats actuels qui, eux, ne tournent pas seulement sur leur axe, mais qui s'écroulent, et tombent au premier souffle contraire.

Supposez un de nos préfets rédigeant une belle circulaire pour recommander aux différents directeurs de lancer leurs agents à la préparation des urnes.

Ces directeurs, comme leurs employés, ont conquis leur position par vingt ou trente ans de travail. Monarchistes ou républicains, peu importe, ils tiennent avant tout à conserver cette position.

La loi leur défend toute pression.

Pour complaire au préfet qui passe, au préfet dont ils prévoient la chute, se placeront-ils au travers de la loi qui reste ?

Mais ils seraient des insensés ; car ils savent que les citoyens veillent !

Que feront donc, dans cette position difficile, les chefs des administrations publiques et leurs subordonnés ? Ce que vous feriez vous et moi ; ils se maintiendront prudemment sur le terrain de la légalité qui nous protège tous, et qui seul est capable de leur servir de rempart au milieu des orages ou des agitations politiques. Ils se transmettront des uns aux autres les instructions préfectorales, cela va sans dire ; mais, soyez-en sûr, la mesure de leur zèle s'arrêtera à la mesure de la loi ; ils voteront en citoyens libres et laisseront les préfets, qui défendent leurs bonnes places, sous prétexte de défendre nos intérêts, crier dans le désert au spectre rouge, au péril social, au cataclisme universel.

D'ailleurs le peuple, auquel en 1869 on avait promis une paix éternelle, s'il était sage, s'il votait comme on le lui recommandait, le peuple des campagnes se souvient qu'au lieu de la paix promise, on l'a jeté sans préparation, et à l'aide de son bulletin, dans une guerre désastreuse dont il n'a jamais pu pénétrer le motif encore moins le but. Il se défie, non sans raison de ces blackboulés du suffrage universel qui font aujourd'hui appel à la souveraineté du nombre contre laquelle ils ont dirigé tant d'impuissantes attaques ; il sait que c'est à de Broglie, devenu le protégé de l'Empire, qu'est due la chute de M. Thiers, le libérateur du territoire, le pacificateur et le sauveur de la patrie.

Placer dans un des plateaux de la balance où se pèsent les destinées des nations, le Conservateur par excellence, le grand historien, le grand Ministre, le grand Diplomate, le grand homme d'Etat, élu par 26 départements, acclamé par tous ;

Mettre dans l'autre un politique d'antichambre, dont les foules ne savent pas même prononcer le nom, qui, devenu ministre comme il était devenu académicien, a proposé sérieusement à l'ancienne

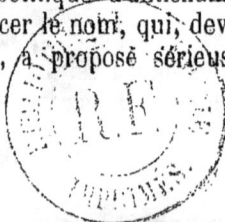

Chambre de créer, au lieu du Sénat actuel, un grand conseil *dont les curés de canton devaient être les principaux électeurs.*

Accorder la préférence au dernier ;

C'est un des spectacles auxquels donne lieu quelquefois le jeu des passions, dans la confusion des partis ; c'est le spectacle qui fut donné au monde le 24 mai 1873, par la dernière Assemblée.

Mais la comédie qui s'organise dans les salons, au milieu des intrigues des prélats et des jolies femmes, il est difficile de la faire réussir sur le grand théâtre où la nation en sentinelle demande à ses pilotes, non s'ils ont des titres de noblesse, mais s'ils connaissent la boussole et la direction des vents.

Les élections prochaines répondront au 16 mai comme les élections de février ont répondu au 24 ; et l'histoire, elle, l'histoire impartiale regarde déjà, jetant avec dédain les petits ambitieux dans la fosse commune, inscrivant au panthéon le nom du grand patriote !

Je viens de parler de péril social, de cataclismes. Ne vous effrayez point : Ces spectres qu'on habille de neuf pour le besoin de la cause remontent à l'origine du monde. Ils sont les fantômes éternels que les classes privilégiées ont de tout temps évoqués, à chaque réclamation, à chaque plainte sortie du sein des classes inférieures.

C'est au nom du péril social qu'à Sparte, quelques centaines de fainéants, obligés pour parer à un danger pressant, de recourir aux Ilotes qu'ils avaient courbés sous un joug de fer, faisaient massacrer, après le combat, les braves soldats qui leur avaient donné la victoire ;

C'est au nom du péril social, le lendemain de la grande défaite, sous la pression des trente tyrans traîtres à la cause nationale, que les aristocrates d'Athènes envoyaient à la mort le vieux Socrate parce que, ne croyant qu'en un être suprême, il refusait d'honorer les dieux révérés par les cléricaux de son temps.

C'est au nom du péril social que les Patriciens de Rome faisaient assassiner les deux Gracques, qui voulaient partager entre tous les citoyens, *non les terres*, en général, mais les terres conquises qui restaient la dotation de quelques puissantes familles ;

Au nom du péril social encore que les mêmes Romains réunissaient toutes leurs légions contre Spartacus réclamant, les armes à la main, les droits imprescriptibles de la nature humaine, et que leurs historiens, le sachant vaincu par la trahison, nous ont signalé comme un monstre cet esclave qui fut un des plus grands caractères de l'antiquité.

Je pourrais vous montrer les mêmes spectres suivis des même iniquités au travers de toute notre histoire.

J'ai constaté qu'à la fin du dixième siècle, quelques Seigneurs, quelques évêques s'étaient arrogé le droit qu'on conteste aujourd'hui à la nation, de remplacer sur le trône de France le légitime prétendant Carlovingien, par Hugues-Capet. Un de ces évêques qui ont soutenu avec raison que le droit de diriger les affaires ne s'acquiert point par héritage, mais appartient au plus digne, l'évêque Adalbéron dans un poème latin qu'il adresse au Roi Robert, fils de Hugues, s'écrie déjà au commencement du onzième.

« Il y a deux classes dans la société : les clercs qui prient, les
« nobles qui combattent. Que sont, que doivent être les serfs dans
« l'Etat ? rien ; et cependant quels vagues frémissements s'élèvent
« du sein de cette foule nombreuse que Dieu créa pour le travail ?
« Sont-ce des plaintes ou des murmures ? en vérité les mœurs
« changent, *l'ordre social s'ébranle.* »

Voulez-vous savoir ce qu'était dans ce siècle de ténèbres, cet ordre social qui s'ébranle, ces nobles, ces clercs qui sont tout, ces serfs, main-mortables, vilains, manants, roturiers qui ne sont rien, qui ne doivent rien être ? L'histoire va nous l'apprendre. C'est Beaumanoir qui a écrit : « *Le sire peut prendre au serf tout ce*
« *qu'il a, le tenir en prison toutes les fois qu'il lui plaît, soit à*
« *tort soit à droit, et il n'est tenu à en répondre fors à Dieu.* »

Le même juriste (et il n'est pas suspect) en parlant du main-mortable s'exprime ainsi :

« Le Seigneur ne peut rien demander au main-mortable s'il ne
« méfait, excepté *le cens, la rente, la redevance.* Le main-mortable
« ne peut se marier sans la permission du sire ; s'il prend femme
« hors de la seigneurie, il faut qu'il paye cette permission selon la
« volonté du maître. *Les enfants nés du mariage sont partagés,*
« *dans ce cas, entre les deux seigneurs. A la mort du main-*
« *mortable tout ce qu'il possède revient au seigneur.* »

Le vilain, manant, roturier occupait, dit-on, un degré supérieur dans l'échelle sociale de l'époque, jugez-en.

« *Le noble, par rapport au vilain, est seigneur du ciel à la terre;*
« *il a juridiction sur et sous terre sur... sur cou, sur tête, sur*
« *eau, vents et prairies.* La loi féodale ajoutait : « *Entre toi,*
« *seigneur, et toi, vilain, il n'y a juge fors Dieu.* »

Ensemble, serfs, main mortables, vilains devaient bâtir le château, en travailler les terres, curer les fossés, entretenir les chemins, ferrer les chevaux du seigneur, construire ses charrues, ses voitures, surveiller sa récolte, ensemencer ses champs, faire le guet autour de la grosse tour, battre l'étang où coassaient les grenouilles, lui donner comme provisions, une partie du bétail, de la volaille, de tous les produits de la terre que possédaient les derniers. Partout enfin des redevances, des droits de péage sur les foires, les marchés ; il faut payer pour chasser, pour pêcher, pour cuire le pain au four, faire la farine au moulin, presser l'huile ou le vin, etc , etc. ,

Quand quelqúe pauvre diable, pressé par la faim ou par la maladie, faisait entendre une plainte, un murmure contre ces iniquités qui nous semblent aujourd'hui aussi impossibles qu'elles sont moins contestées, que faisaient les grands de la terre ? Ils parlaient de péril social ; ils éteignaient dans les profondeurs de leurs sombres prisons les gémissements de ces révolutionnaires en espérances.

Et tous les fronts se courbaient sous la justice sans appel du seigneur !

Adalberon pourtant ne se trompait point.

Ce n'était pas en vain que la Fraternité humaine avait été écrite dans le livre de Dieu. Les idées d'émancipation, dont on voit poindre les germes dans les ténèbres de cet âge, se grouperont à la lumière des âges suivants, et produiront au travers des luttes des communes, après sept siècles d'orages, dont le peuple supportera toutes les secousses, la Révolution française qui est devenue la Révolution du genre humain.

Le grand cataclisme, le voilà !

Eh bien quoi : Paysans et ouvriers, vous ne tremblez pas. Ce beau pays de France, que Grotius appelle le plus beau royaume après celui du ciel, était couvert de landes et de chardons ; il est couvert maintenant de champs de blé et de vignes. C'était un désert « où l'on voyait sortir journellement de quelques cabanes quelques « êtres en haillons, hâlés par le soleil, ressemblant plus à des « spectres qu'à des hommes et qui, d'un bras affaibli, soulevait « péniblement la lourde glèbe. » Aujourd'hui c'est un jardin dont ont fouillé les entrailles des agriculteurs vigoureux qui retournent, le soir, en chantant au foyer domestique, où les attendent, au sortir de l'école, des enfants roses, auxquels l'âge défend encore de paraître, à côté de leurs parents, au champ du travail. Ce beau pays comptait deux cent mille propriétaires intéressés à le défendre ; il en compte dix mil ions à cette heure. La lèpre y était en permanence ; la famine, la peste le décimaient, ensemble ou séparément, dix années par siècle. Il ne sait plus ce que c'est que la lèpre, la famine et la peste. La vie moyenne y était de 24 ans ; elle est aujourd'hui de 43 ; il n'avait ni routes, ni commerce, ni industrie. Les voies ferrées sillonnent son territoire ; ses usines, ses fabriques donnent lieu à un immense échange. Les produits qui en sortent attirent l'admiration de l'univers. Au dernier siècle, sous Louis

XVI, la monarchie séculaire ne trouvait plus à emprunter cent millions à 15 0/0 ; après le désastre sans précédent que nous a fait subir le dernier empire, la République, qui venait de payer deux milliards, a demandé trois autres milliards au public. On lui en a offert *quarante-six*.

Et il n'y a pas encore un siècle que la Révolution s'est accomplie, que le spectre rouge a pris corps Par ce qu'à fait la liberté, si souvent détournée de sa voie, en 80 ans, calculez ce qu'elle sera en puissance de faire, le jour où elle aura brisé les entraves qui s'attachent encore à ses pieds.

Horreur ! mais cette révolution a des taches de sang, disent ses adversaires, ceux qui croient qu'en allongeant son nom d'une particule, on peut rendre un homme propre aux plus hautes fonctions, et qu'il suffirait d'une surprise pour faire des électeurs d'aujourd'hui, les parias d'autrefois. Ces tâches je les regrette plus que vous, beaux marquis d'antan, Jésuites à robe longue et à robe courte. Quand deux mondes se heurtent dans l'espace on mesure encore la puissance du choc à la masse des débris. En 89 deux mondes se sont heurtés, le monde que vous voulez reconstruire, celui qui portait l'iniquité et le privilège, le monde que nous voulons conserver, celui qui porte la justice et la fraternité. Le second a écrasé le premier. Et vous vous étonnez de la hauteur des décombres, et vous voudriez rajuster ces ruines ! Insensés ! Dieu est un. Les lois de l'ordre moral sont les mêmes que celles de l'ordre physique. Ici la colère a enfanté la colère. La force d'écrasement a été en raison de la force de résistance, et, sans vous demander s'il n'y a pas sur vos manches, avec bien d'autre, le sang de la St-Barthélemy, je n'excuse rien, j'explique tout.

Que deviendrait, en la supposant possible, une victoire de scrutin, remportée par les monarchistes dans les circonstances où nous sommes ? Les monarchistes sont trois et il n'y a qu'un trône. Connaissez-vous un moyen pour de trois ne faire qu'un, ici bas ? Oui, l'élimination de deux d'entr'eux. Mais comment s'opèrent ces éliminations des partis politiques ? Demandons-le encore à l'histoire, en laissant le lecteur établir lui-même la différence des résultats sur le progrès des âges.

A Rome, et, dans une situation qui présente des analogies effrayantes avec notre situation, Jules-César avait tué la République et les Républicains avaient tué Jules-César.

L'héritage de la patrie restait en déshérence.

D'un côté, les serviteurs des anciennes institutions réunis sous les drapeaux de Brutus et Cassius, de l'autre, trois ambitieux, Marc-Antoine, Octave et Lépide, réunis un moment par le même intérêt, réclamaient avec l'aide des légionnaires, l'héritage du martyr et se préparaient à combattre ses meurtriers.

Ils commencèrent par publier le décret suivant qui fut affiché sur tous les murs de Rome :

« Les Triumvirs Marc-Antoine, Octave, Lépide, avant d'entre« prendre au delà des mers la guerre contre les parricides, jugent « nécessaire d'immoler leurs ennemis pour ne pas les laisser derrière « eux ;

« En conséquence, ils ont dressé la liste de proscription suivante : « Que personne ne cache aucun de ceux dont elle contient les noms. « Celui qui aidera à l'évasion d'un proscrit sera proscrit lui-même. « Que les têtes nous soient apportées. En récompense de chaque « tête, l'homme libre recevra vingt-cinq mille drachmes, l'esclave « dix mille plus la liberté avec le titre de citoyen. Les noms des « meurtriers et des révélateurs seront tenus secrets. »

Suivait une liste de cent trente noms, parmi lesquels ceux des plus grands citoyens de Rome, puis une seconde de cent cinquante, puis une troisième et d'autres encore.

Cicéron était dans la première. Le tribun Popilius que, par son éloquence, il avait autrefois sauvé dans une accusation de parricide, lui trancha la tête, et Antoine fit clouer sa langue à la tribune aux harangues.

Un an après les Républicains étaient vaincus à Philippes. Les triumvirs restaient seuls maîtres. Il ne s'agissait plus que de savoir à qui écherrait la succession ; au plus vaillant, vous allez dire sans doute ; Eh bien, non, elle resta au plus lâche qui fut le plus habile. Octave débaucha les troupes de Lépide en Cicile, et, en le déposant, lui laissa la vie parce qu'il était grand-Pontife ; ensuite il marcha contre Antoine et, l'ayant vaincu à Actium, il le poursuivit en Egypte et le força à se donner la mort. Ces guerres entre les coalisés avaient duré neuf ans et occasionné la mort de dix millions d'hommes !

Octave pouvait maintenant danser sur le cadavre de la République ; La liberté, la dignité humaines étaient bien mortes ; le terrain était prêt pour recevoir Tibère et cette suite de monstres moitié hommes, moitié brutes, que les prétoriens revêtaient aujourd'hui de la pourpre, qu'ils assassinaient demain, et qu'une populace corrompue par tant d'excès plaçait après la mort au rang des dieux.

Ministres du 17 mai, la route où vous lancez la France est périlleuse entre toutes. Quand le triumvirat que vous rappelez, malgré vous, disputait, comme vous, la République aux Républicains, Rome donnait des lois au monde connu. Hélas ! nous, nous ne donnons plus de lois à personne, et, au lendemain de nos défaites, nous faisons encore envie à beaucoup !

Vous répondez : nous ne sommes pas à Rome ; Les temps ont marché ; nous ne sortirons pas de la légalité. Je vous crois sur parole car vous fûtes des parlementaires ; mais enfin comment sortirez-vous de l'impasse où vous avez acculé la patrie ? C'est notre secret ; vous le réservez comme l'étonnement de l'avenir : Un secret pour marier les glaives aux balles, souder les têtes de Louis XVI, Égalité, Duc d'Enghien, maréchal Ney ! Mais ce serait une profanation si ce n'était une insanité ! Et vous voulez que la France vous croie et espère en vous ? Non, mille fois non !

Les électeurs qui voient la situation comme moi, comme toute l'Europe, les électeurs qui désirent un gouvernement capable, non de vouloir la paix, mais capable d'imposer la paix, ne peuvent vouloir ni de vous ni des vôtres. Ils feront de vos candidats officiels, ce qu'ils ont fait des candidats de M. Buffet, ce qu'ils ont fait de M. Buffet lui-même ; ils les renverront eux et leurs patrons ensemble meurtris et déconfits là où va tout ce qui n'est pas né viable, au néant et à l'oubli !

Cette affirmation qui, avant trois mois, sera devenue une certitude, d'où vient-elle, d'un radical, d'un irréconciliable ? Non, elle vient d'un modeste citoyen qui a médité sur les leçons de l'histoire, d'un écrivain qui, durant trente ans, dans le journal, dans la brochure, a touché aux sujets les plus délicats sans encourir jamais ni amende ni prison. C'est dire que si l'esprit de prévoyance qui n'est que l'esprit de la logique a été souvent son inspirateur, l'esprit de modération a toujours été aussi son guide.

Je vais encore enlever au ministère Fourtou une de ses ilusions et je lui demanderai : Croyez-vous que la pression électorale serve beaucoup à celui qui l'emploie ? Si non, je lui dirai : Cessez-là. Si, oui, j'ajouterai : Examinez les services qu'elle a rendus à l'Empire. Elle a produit le mensonge quand il lui fallait la vérité, des dévouements factices quand il avait besoin de dévouements réels, des témoignages d'attachement qui ont trompé le pouvoir trop haut placé pour bien juger les choses, mais impuissants à tromper l'Europe attentive et qui voyait, en même temps, la comédie, les acteurs et les ficelles grosses comme des cordes de moulin.

Quand Bismarck s'est fait déclarer la guerre par l'Empereur il savait bien que ce colosse d'airain avait des pieds d'argile, et qu'au 1er coup de canon heureux à sa base, il le rejetterait dans les décombres de la Révolution ! Là était bien plus encore que dans on armée l'avantage réel de la Prusse sur la France. Elle arrivait

s

aux temps héroïques où l'on croit aux Rois; Elle était unie dans sa monarchie.

Nous étions divisés dans la nôtre ; d'abord parce que nous ne croyons plus aux Rois, mais aux peuples, ensuite parce que, entre deux souverains dont l'un se réclamait de celui dont il avait jeté les représentants par les fenêtres au 2 décembre, l'Empereur et le suffrage universel, le pays pensait toujours qu'en fin de compte la victoire resterait au dernier.

A la place de l'Empire, mettez par hypothèse, les d'Orléans , mettez les Bourbons.

Les d'Orléans viennent d'une usurpation simple, les Bourbons d'une usurpation double.

Le résultat ne changera pas.

Devant l'étranger ils resteront sans prestige parce qu'ils sont sans force réelle.

A l'intérieur ils seront obligés de voiler la statue de la liberté pour gouverner et de recourir à la compression pour vivre.

Or, la compression, savez-vous ce que c'est ; La compression c'est l'antre d'école confié à la garde des Pygmées. A un moment donné, les passions, comme les vents furieux, s'agitent, se déchaînent, brisent les obstacles qui les compriment et, au lieu du calme attendu, vous donnent la tempête fatale.

De quelque côté que j'envisage les choses je ne vois plus ni sécurité, ni liberté, ni ordre, ni puissances possibles qu'avec la République.

Et ce n'est pas sortir du rôle de modérateur que je me suis imposé toute ma vie, mais tout au contraire reprendre ce rôle en bon citoyen que de dire à son pays : *Là est l'abîme, ici est le salut ; Choisis.*

Chose étrange et qui prouve jusqu'à la dérision l'aveuglement irrémédiable des coalisés. Un souffle balaye leurs monarchies prétendues éternelles. Combien aurait duré l'Empire après décembre, avec la liberté de la presse et les Républicains à la tête de l'administration? Combien la monarchie de juillet? Combien la monarchie de 1815 ? Huit jours, quinze jours, c'est beaucoup dire. Eh bien la République, qui n'a jamais disparu que par la main de ceux auxquels en avait été confiée la garde ; la République, livrée depuis six ans à ses plus cruels ennemis, en subit les assauts, restant d'autant plus forte que leurs attaques sont aussi plus violentes.

Les légitimistes écrivent quelquefois que c'est leur royauté qui a reconstruit la France actuelle. Oui, aussi vrai qu'ils l'ont sauvée en 1815, quand ils sont arrivés derrière les fourgons de l'étranger. Celui qui a refait la France, c'est le peuple; Celle qui avait reporté au Rhin ses frontières démembrées par les monarchistes au traité de Verdun en 843, c'est la République.

Qui donc s'est présenté après Sedan pour sauver de la tempête le navire de l'Etat balancé sur son ancre de miséricorde?

Qui est venu disputer aux Républicains l'honneur de conduire le vaisseau désemparé au suprême combat?

Les trois monarchies ont courbé la tête ; elles ont interrogé les vents, fourni des soldats, c'est vrai ; mais leurs capitaines, leurs pilotes se sont perdus dans les rangs.

Eh bien, les Républicains ont fait tête à l'orage. Trahis à Metz ; obligés, par suite, d'ouvrir les portes de Paris, s'ils n'ont pas sauvé les voiles du navire en détresse, ils ont sauvé au moins, après avoir balancé la victoire, l'honneur de son drapeau.

Ils l'ont reconduit au port après la tourmente. Ils ont refait ses agrès ; ils ont payé l'énorme rançon réclamée par l'ennemi ; ils ont ramené la confiance, fait voter, sans un murmure, des lois de recrutement et d'impôt, sous le poids desquels auraient sombré tous les gouvernements monarchiques. Et c'est quand ils ont rendu tant de services, quand ils ont tout réorganisé, quand ils sont prêts à tout améliorer encore que des ministres naguère inconnus viennent essayer, quoi?

De s'emparer simplement de la succession.

Au nom de qui et de quoi?

Au nom de rien et de personne, par cela seul que, comme le gui vit du chêne, ils doivent, eux, vivre de notre budget, parce que probablement ils sont ducs ou marquis et que nous sommes en pleine démocratie !

Il faut vivre en France pour assister à de pareils spectacles !

CONCLUSION

La République qui a donné la propriété au paysan, assuré l'aisance et la dignité de la famille, conquis la liberté de conscience ne peut menacer ni la famille ni la propriété, ni la religion. Ce qu'elle défend contre les empiétements du haut clergé ce sont les prérogatives du pouvoir civil tout à fait distinct du pouvoir religieux ; elle veut le curé honoré dans son presbytère restauré, mais restant complètement en dehors de la maison commune ; elle veut l'évêque dans son palais épiscopal, non dans les salons, au forum ou à l'agora, où il ne peut perdre que son prestige ou tacher sa robe ; elle veut le Pape, à la tête de son troupeau dans les champs de la paix, et non à la tête d'une coalition, sur un champ de bataille ; elle veut enfin ce qu'a voulu le Christ, notre maître à tous, que le royaume de l'église, lequel n'est pas de ce monde, soit un royaume de calme, de recueillement, de tranquillité, propre à préparer sur la terre qui passe des saints pour le ciel qui ne passe pas.

Les trois monarchies, véritables spectres blancs qui crient au spectre rouge imaginaire, en se disputant le Pouvoir, ne peuvent justifier de leurs droits à le posséder. L'une l'a usurpé dans les agitations des âges sur des prédécesseurs historiquement établis, les autres l'ont usurpé sur les usurpateurs qui le détenaient, toutes ensemble l'ont usurpé sur le souverain réel, le peuple qui, le voulut-il, n'aurait pas le droit de s'en dessaisir, la souveraineté étant une de ces prérogatives essentielles, dont la délégation temporaire est permise, mais qui ne peuvent jamais s'abdiquer.

Les monarchies, n'ayant point de base sur notre sol, sont donc suspendues en l'air, et irrémédiablement condamnées à disparaître, ou sous le fer de l'ennemi, ou sous les attaques des citoyens eux-mêmes.

D'ailleurs, il y en a trois en perspective. Je ne demande plus qu'elle est la bonne. Prenez la moins mauvaise. Immédiatement elle a contre elle les deux pires. Nous cherchions en elle la force, l'ordre et la paix ; or, point de force sans base, point d'ordre, point de calme, point de paix possible entre trois frères ennemis.

Ce que la France cherche, ce dont elle a un impérieux besoin n'est donc pas là. La puissance, l'ordre, le recueillement, la paix, la liberté sont remontés à leur origine, là où tout va, là d'où tout vient, à la souveraineté du peuple qui a pour forme de gouvernement la République, c'est-à-dire le gouvernement de tous par chacun et pour chacun.

Electeurs, voulez-vous la paix assurée, le progrès assuré, la puissance de l'Etat assurée, l'ordre assuré, la liberté assurée, votez dans tous les scrutins qui vont se succéder pour les candidats républicains.

Les Monarchistes portent le drapeau des partis.

LES RÉPUBLICAINS SEULS PORTENT LE PAVILLON DE LA FRANCE !

J.-J. Roux.

www.ingramcontent.com/pod-product-compliance
Lightning Source LLC
Chambersburg PA
CBHW060814280326
41934CB00010B/2683